Claudio Fulin

La Vita È un Tic Tac

Ai miei Cari.

Amore Mio

Dal bavero esce un collo magro
e il passo veloce pesta sull' asfalto,
da dietro spunta la voce stanca
che riconoscer mi fa di Te.
Il tempo non basta a dire parole
tanto semplici e così scontate,
e vuole uscir dal petto la mia voce
tanto forte che mi batte il cuore.
Il vento passa sulla città
intriso del sale del mare,
e spazza via intimi segreti
che la notte li ha visti sognare.
Prosegui serena l' arduo cammino,
abbandona le trascorse tristezze,
cerca le passioni tra le maglie
della nostra vita.
Amore Mio.

Batuffolo

Gli anni passati a rincorrerti
le speranze sfumate in un attimo
i pianti soffocati dall' orgoglio
l' errore di fuggire da me stesso.
Sei arrivata,
lieve come un batuffolo
e già era il Tuo piangere
come un lirico acuto.
La gioia di sentirTi,
di guardarTi,
di coccolarTi,
la voglia di vederTi vivere.
Domandi il Tuo non sapere
come l' aria che respiri,
spalanchi il Tuo sorriso
come il sole che hai in Te.
Il domani è nei Tuoi occhi,
stringilo forte al cuore.
E canta.

A Giorgia

C'è una voce
che buca il viottolo
passando tra mare
ed aghi di pino.
Piove leggero
ma, immobile,
ascolto la tua musica,
fa parte di me.
Mi avvicino
Trasparente
Silenzioso
senza perdere una nota
mentre a labbra socchiuse
inseguo una canzone
di altri tempi.
E sulla soglia,
appoggiando la fronte al vetro,
sorrido ad una lacrima.

Domande

Quante volte mi domando
se son giunto a metà della mia vita,
se sono già condannato a scendere
da quell' apice che sin qui ho salito
per giungere alla mia serena vecchiaia.
Quante volte mi domando
se ho già terminato il mio lavorare,
ciò che il destino mi ha assegnato,
il compito da svolgere e presentare
a colui che ci manovra dal buco nero.
Quante volte mi domando
come sarebbe stata la mia vita
senza Loro, senza Lei, senza Tutti,
senza la pelle bianca, senza onestà,
senza la mia marina terra.
Quante volte mi domando
perché esisto e cosa significo,
perché gli altri sono contro gli altri,
perché esistono i nemici,
come mai l' uomo insegna all' uomo
che la regola della vita è appropriarsi.
Di tutto e di tutti.
Sempre.
Quante volte mi domando.

Inferno d' Amore (Canzone)

Ero solo un ragazzino
Ma il mio cuore già batteva per Lei
Ho aspettato che si accorgesse di me
Dei miei timidi silenzi
Dei miei sguardi fuggenti.
Ero solo un ragazzino
Ma sapevo Chi avrei voluto accanto a me
Tutti i giorni della mia vita,
Condividere le nostre speranze
Affrontare le nostre paure.
Vai, vai, vai nell' inferno d' Amore
………………..
…………………
Quei piccoli baci dati di nascosto
All' ombra delle scale,
le nostre prime scoperte
di un amore ancora acerbo.
Non so contare gli anni passati ad amare
Anche perché non sono finiti.
C'è ancora tanto da dare,
Abbiamo un 'altra vita da ascoltare
Un' altra anima da far fiorire.
Sono ancora un ragazzino
Quando mi guardo dentro
Ed il mio cuore batte ancora
In mezzo ad un inferno d' amore.
Vai, vai, vai nell' inferno d' Amore
………………..
…………………

Entra nel cuore

Una piccola foto
dai lembi stropicciati
tengo ansioso
con mani tremanti.

Un volto,
un passato,
un futuro,
una vita
piegata nel portafoglio.

Un sorriso,
una camicetta bianca,
una piccola foto
entra nel cuore e non esce più.

Invidia

Per fortuna non ti conosco
sulla mia via non ti ho trovata,
non ti ho mai dovuta schivare
nel mio cuore non sei mai entrata.
Cattiva compagna di insano vivere
negativo segno di umano malessere
colpisci animo e menti malate
di chi, meschino, si rode in se stesso.
Hai passato indenne
la storia dell' uomo,
hai contribuito alle guerre
alimentando l' odio dei popoli.
Sei come il diavolo
che attacca subdolo i deboli
ma ti arrendi subito
contro la dignità dei forti.
Con noi hai perso.

Montagne

Il sole si infila tra i monti
e la neve argentina s' imbianca,
la luna ascolta il silenzio dei boschi
e noi respiriamo l' aria degli angeli.
La montagna è il rumore del vento
che trafigge gli aghi dei pini,
è il grembo dei ghiacci perenni
che si aggrappano appesi alle cime.
E' la casa dei lupi e degli orsi
che ignari resistono allo sfratto,
è la casa di genti ormai sole
con le mani arse dal freddo.
Mentre salgo il sentiero innevato
il sole mi brucia la fronte
ed affondo di un palmo lo sci
lasciando una traccia di gioia.
La fatica fa presto a svanire
sostando a mirar giochi di neve,
assaporo il momento del ritorno,
a goder la discesa che riporta a casa.

Nonni

Vi ricordo sempre giovani
ma antichi nei Vostri pensieri,
pronti nel dare un consiglio,
un insegnamento a chi deve imparare.
Vi ricordo sempre anziani
ma giovani nei Vostri animi,
pronti a porgere una mano,
un incoraggiamento a chi deve crescere.
Mezza vita passata a lottare
in un tempo avaro di tutto
mezza vita passata a sognare
per un nostro futuro migliore.
Ora solo un grande rimpianto
non avervi ringraziato abbastanza,
ma anche un grande sollievo,
domani lo saremo anche noi.

(Ai Nonni di ieri, oggi e domani).

L' orologio

Sei nato dall' ombra segnata
sulla dura pietra di un campanile
e sei arrivato, rincorrendoti,
giovane fino ai giorni nostri.
Per te gli Astronomi hanno scrutato i cieli
gli scienziati hanno litigato teorie
i fabbri hanno forgiato platìne
i maestri hanno disegnato teoremi del tempo.
Segni inesorabile l' ora del nascere
scorri di tutti le gioie e i dolori
scandisci ora dopo ora il nostro vivere
batti, senza recupero, il minuto del morire.
Misuri la ricchezza dei potenti
come la povertà dei disgraziati,
generi infinite alternanze
proponendo generosi tic-tac.
Ogni secondo è già passato e non si può tornare indietro
ciò che ho fatto è inesorabilmente fatto
posso correre, rincorrere e correre ancora più in fretta
ma non potrò mai trovare il sollievo di raggiungerti.

Sconfitti

Il silenzio delle mancate risposte,
Muti, dentro la vostra ombra,
Generate riflessi condizionati
Che fanno ghiacciare il sole.
Qual è la vostra vera anima?
Dove avete portato il cuore?
Si chiede l' uomo, stanco di rincorrere,
Con parole ormai giunte alla fine.
Accogliete le provocazioni,
Filtrate gli sguardi indiscreti,
Sciogliete le riserve su voi stessi,
Abbandonate i fallaci pudori.
E vivete la rinascita.

Areihgerp

Come riuscite a portare gli occhi al cielo
e parlare.
Come potete invocare un dio
e pregare.
Come fate a credere al nulla
e perseverare.
Qual è la giusta risposta che aspettate
se siete l' uno contro l' altro.
Qual' è il segno divino che deve arrivare,
a chi, dove, quando, perché!
Sono millenni che aspettate risposte
che non arriveranno mai,
e quante religioni ancora inventerete
per fare altre domande.
Chiedete a tutti i vostri dei la pace
ma fate la guerra,
chiedete la misericordia
dopo aver ucciso,
massacrate i bambini
per la gloria dei cieli.
Come posso usare la ragione
dove la mia mente non arriva,
come posso almeno sognare
un segno che mi dia una certezza.
Basta credere in sé stessi
per avere fede?
Basta amare il prossimo
per avere fede?
Basta sopportare la vita
per aver fede?
Allora credo di averla.
Ma anch'io sono un illuso
faccio stupide domande
e nessuno mai
mi risponderà.
E così sia.

(Preghiera al contrario)

Speranze

Vorrei riuscire a prendere una stella
perché brilli solo nel nostro cielo,
mentre giochiamo a cantare l' allegria
e tiriamo i sassi al sole.
Vorrei intonare le più belle canzoni
così forte da aggirare la luna
e farle tornare indietro sincere
per far sognare tutti i bambini.
Vorrei disegnare il più bel paesaggio
con i colori intensi dell' amore
e tuffarmi dentro il dipinto
per trovare un mondo di illusione.
Vorrei scalare la più alta montagna
per scoprire chi abita le nuvole
e librarmi nell' aria frizzante
per vedere la Terra che gira.
Se scorgete gli anni passare
mentre salite le scale della vita,
non disperate di ritrovare in Voi
il segreto di tornare indietro,
basta voltarsi e scenderle.
Io Vi aspetto.

Un Sogno

I sogni dei fanciulli sono tanti
sempre fantasiosi e molto intensi
e già sin da piccoli birbanti
i castelli fatti in aria sono immensi.
Sarà così che da gracile bambino
avevo già un sogno nel cassetto
far le corse con un nero cavallino
mentre ancor facevo la pipì nel letto.
Quando poi diventai un giovanotto
le illusioni non persero vigore
e quando gli anni diventaron diciotto
la Cinquecento era come un bimotore.
Gli anni passano ma non desisto ancora
e prima o poi avrò la mia riscossa,
anche se mugugna la dolce mia Signora,
finirò i miei giorni seduto sulla "Rossa".

Vera Donna

Quel ciuffo nero che Ti porti dai vent' anni
Tenuto sul lato da un nastrino cremisi
E quel viso magro, tirato dagli affanni
Segnato dai pianti invece dei sorrisi.
Hai vinto comunque la Tua battaglia
Con il coraggio di una guerriera
E così come il fuoco brucia la paglia,
Ormai hai sconfitto la scalogna nera.
Sei una donna sognata da tutti
Dai ricchi ai poveri, dai belli ai brutti,
Carattere costante, deciso e forte
Tanto che è difficile farTi la corte.
Ma il meglio di Te non s'è visto ancora
Ed è qui che il popolo implora:
"Fai venir fuori tutto il Tuo cuore,
la bellezza, la grinta e l' amore".
Beato Colui che rincasa stasera
Ritrova una donna dolce e vera.

Amico

Quante mani ho stretto nella mia vita,
quante pacche ho ricevuto sulle spalle,
gente che ti assilla, una fila infinita,
ma hanno il solo dono di rompere le palle.
Lo riconosci subito il vero Amico,
è colui che non domanda mai niente,
porta un rispetto che sa quasi d'antico
e quando hai bisogno è sempre presente.
Non ha confini la sincera amicizia,
colui che li tracciasse avrebbe torto,
l' Amico parla e ascolta senza malizia
e basta guardarlo per avere conforto.
Non è necessario esser uomo o donna
Perché l' affiatamento sia totale
Può essere anche un gay con minigonna,
l' importante è avere un rapporto leale.
E qui mi sovviene una breve morale
che farà a tutti più bene che male,
rispolverando un proverbio azzeccato
da un vecchio libro impolverato:
è meglio avere un cane amico e bastardo
piuttosto che un amico cane e codardo.

All' imbrunire

Il sagrato di sabbia
apre alla casa del Signore,
suona la campana,
antichi rintocchi.
Tra una fila di case
che trasudano gocce di mare
e respirano il maestrale,
s' intravede uno scoglio
dove un piccolo polpo
gioca a scappare.
Onda cavalca onda,
instancabile.........
accarezza ciottoli orlati di sale.
silenzio -----
onda -----
silenzio ------
voci di bimbi.
Il riflesso della Lanterna,
un bagliore alternato
per ricordare chi siamo.
Lo riconosco da lontano
il rumore del mio mare.
Dovunque io sia
è sempre con me.
Negli occhi,
nel cuore.

Avvinghiati

Mi chino per sentire l' odore del muschio
sulla tua pelle, tra le cosce,
mentre col dito godo seguire le gambe,
il loro contorno fino al gluteo
rotondo
come il giro che continuo intorno,
due, tre volte,
mi piace,
ti piace.
Mi chiedi poi di salire sulla schiena
dove le mani si aprono a ventaglio
per girare sul fianco
e trovare poi i turgidi seni
che chiamano la mia bocca
con un bacio che li lascia bagnati
per arrivare alle tue labbra
alla tua lingua,
ti piace,
mi piace.
Sento i brividi
Miei
Tuoi
il richiamo del tuo ventre che mi vuole,
l'impeto del mio ventre che ti cerca,
l' eccitazione ci sconvolge,
la passione ci travolge
in un corpo a corpo umido di sudore,
girandole siamo sotto le lenzuola,
sopra, sotto,
sottosopra.
Sospiri e gemiti di piacere,
"ancora!"
nella penombra della stanza
"ancora!"
dove filtra la luce della luna
"ancora!"
che ascolta silente i nostri orgasmi.
E, compiacente, sorride.

Cuore di ghiaccio

Sguardi stizziti
Angoli sbiechi di sorrisi
Sussurri di false verità
Carezze colme di menzogna
Parole cestinate nell' oblio
Gelidi momenti di indifferenza.
L' amore è solo un bersaglio
per un cuore di ghiaccio.

Sei Per Lui

C' è calma oggi nel cielo,
l'alba riflette un' insolita luce
forse perchè Lui ti deve incontrare
e non si aspetta che nasca il sole,
gli basterà il tuo sorriso.
Sei fuoco che incendia
sei acqua che spegne,
sei spina che buca
sei anima che ricuce.
Io lo conosco,
ti aspetterà,
fino all' ultimo natale.

Illusioni

Pesca una carta dal mazzo delle illusioni,
non importa se la Donna è fiori, Ti farà soffrire.
Non importa se il Fante è rosso, Ti tradirà.
Qualunque seme è inganno,
vuol far credere quello che non è,
quello che non sarà mai.
Continua pure a chiedere carte,
prova a chiamare rilanci,
anche quattro assi non Ti basteranno
a risollevare le false sorti di un miraggio.
Questo gioco è come la vita,
è come la corrida tra uomo e donna,
più si alza la posta
più freme il desiderio,
più incontri ostacoli
più trovi il coraggio.
Ed io, coinvolto nella partita,
percepisco le difficoltà dell' avversaria,
ormai ha tentato l' ultima carta,
il Suo scarto non è più lucido,
io ne approfitto, lo raccolgo e scendo.
La Sua illusione è stata la mia vittoria
ma la Sua sconfitta genera il rimorso
di aver abusato del mio fascino,
del mio potere,
e sarebbe diabolico infierire oltre,
la mia anima non me lo permette.
Mi resta solo una scelta, da falso gentiluomo:
alla prossima mano……….
Passo!

Inchiostro

Frasi non scritte
rimaste nel calamaio,
anni di sconfitte
nascosti nel ginepraio.
Mai Le ho detto
ciò che sentivo,
che batteva nel petto
un amore ossessivo.
Con la testa fra le mani
rimango a pensare
cosa Le dirò domani
…… al Suo funerale.

Fiorellino

Brezza tiepida
accarezza i petali
tremiti di paura.
No!
Non appassire.
Vivi
la tua estate
Colora
il mio giardino
Fiorisci
al sorriso di un bimbo
Saluta
ogni treno che passa
e se è il tuo……. prendilo.

Introspezione

Guardati.
Guardati da capo a piedi.
Apri gli occhi dentro te
iniziando dalla polpa del cervello
per cercare ciò che hai macinato
in questi anni dannati.
Torneresti indietro a medicare,
a tappare i buchi,
a rimediare errori e torti,
a chiedere scusa.
Poi scendi,
provi a schivare il cuore
ma non puoi riuscire
a superare indenne
il nucleo pulsante della tua anima.
Lui detta la sua legge,
inesorabile !
Si affollano mille sentimenti,
i ricordi degli amori,
i sorrisi,
i pianti,
i dolori.
Ferite sempre aperte.
Ingorgo di sangue e bile.
Il senno del poi.
Passa veloce le curve,
le zone del piacere,
dove spesso non arrivano
nè cervello né cuore
e guarda in basso,
come in fondo al bicchiere,
scoprirai che gambe e piedi
servono .... a scappare!

Maschere

Sorrisi di plastica intorno a noi,
travestimenti di finti eroi
simulacri di bellezza artefatta
carri zeppi di allegoria
e, forse,
di allegria.
Coriandoli,
briciole di mille lire
tirate in aria
e poi calpestate,
per divertirsi col passato,
per dimenticarlo.
Doppie facce camuffate di gioia
nascondono ansie,
faticano a togliersi dalla pelle
il costume della baldoria.
Bambini
solo voi potete ridere forte,
senza inganni,
solo voi indossate maschere,
senza doppi sensi.
Solo voi e le vostre stelle filanti.

Neve Rossa

Guarda!
Travalica i confini
di un mondo incantato
scende sui bambini
che hanno appena sudato,
macchia i vestiti
di indossatrici smunte
di vecchi indispettiti
dalle rughe aggiunte.
Senti!
Scende dai monti
il vento freddo mutante,
come frigidi camaleonti
aggredisce intrigante.
Spaccia polveri bianche
al viandante ignaro
che avaro di palanche
cerca pane e riparo.
Attento!
Sale la coltre argentina
intrappola i sentimenti
le tinte della mattina
e le urla dei tormenti.
Esplode rosso il tramonto
la neve ne assorbe il colore
il sole abbandona il confronto
decollano luna e batticuore.
La notte è scura
ma amica.

Occhi

Sotto il lungo ciuffo nero
spalanchi i grandi occhi
che sanno di mare
e brillano come lucciole.
Ti vedo da lontano
in mezzo alla gente,
mi vieni incontro
con passi sfumati,
io sono come un sasso
che rotola giù dal marciapiede
e non riesce a tornare indietro,
non può tornare indietro.
Dove mai ritroverò
il sorriso dei tuoi occhi?

Paese (in Riviera)

Apro la persiana
il sole non è sveglio,
ancora.
Il mare saluta il vecchio
che tuffa l'esca,
stessa cadenza delle campane
che vibrano nell'aria del mattino.
Una barca dirige a riva,
stanca,
e quando ancora albeggia
riluce inquieto il tramaglio,
si attorciglia il polpo,
esanime.

E' festa oggi in Paese.

La brezza
ti accarezza i capelli,
poi fischia tra i rami di un limone
e sparisce su,
su per la collina.
Il sole si affaccia sul mare,
lancia un raggio sui nostri volti
sfiorando la fronte.
Una sola ombra
sul trifoglio che scintilla
la rugiada della notte.
E' finita un'altra estate.
Vola e sorride il gabbiano
dal verso ignoto,
l' ultima rondine parte
e ci saluta.

E' festa oggi in Paese.

Segreti

Stanotte Ti ho sognata.
Ho chiesto il permesso
per entrare nel Tuo cuore
e scoprire il volto
dei Tuoi segreti.
In un angolo ho incontrato
il riflesso della mia anima.
Ti prego,
non svegliarmi.

Sibili

La testa tra le mani
Lancinante un fischio!
Non finisce,
È continuo.
Pulsa il cervello,
spezzoni di vita
sogni non miei.
Madre aiutami
Vedo luce buia
Oltre gli occhi
Sento sibili alternati
Che spaccano l'udito.
Non resisto.
Impazzirò.

Strade d' Infanzia

Ricordo una striscia di strada
le ripide e viscide mattonate
i muretti saltati d'un fiato
per ripescare un pallone bucato.
Sento ancora un lontano brusio
schiamazzi di bimbi sudati
disegni di piste per grette*
e mani nere di asfalto.
L' eco dei passi veloci
su e giù per le liguri crose
per vincere memorabili battaglie
con cerbottane di carta e saliva.
Non potrò mai dimenticare
l' odore dell' aria salata
pulita dal vento del mare,
il chiamo squillante di una madre
che interrompe un gioco a metà,
il marciapiede che porta alla scuola
zuppo di amicizia e speranza.
Tra le unghie ancora rimane
la terra di polverosi campetti
che ha lasciato emuli fanciulli
con segni di ginocchia sbucciate.
In tasca porto sempre cento lire,
un ricordo che gira tra le dita,
era un piccolo grande tesoro
che bastava per quattro gelati.
Una semplice via
traccia i sentieri,
segna la vita.
E' stato così,
per tutti noi.
Ora non più.

(*) grette= gioco a terra con tappi di bottiglia.

Tristezza

Figli ossuti e dimenticati,
neri di fame e paura
incollati ai seni aridi
di madri senza lacrime,
senza un dio.
Tristezza
negli angoli della stanza,
nei vicoli della mia mente,
nel pentagramma della mia musica.
Pesante una lacrima
aggira le mie labbra
che vibrano malinconia
ma sforzano un sorriso.
Di speranza.

Un lento

Cingo le braccia
intorno alle tue forme,
le foglie di eucaliptus
ci accompagnano
mentre accenniamo
un lieve dondolio,
il mare gioca all' altalena
con le onde,
la musica non deve finire,
non ora !
Le mie labbra
sfiorano la tua fronte
che pulsa,
confondiamo il nostro respiro
caldo di timidezza
sudato di tenerezza.
Le bocche
prima esitanti
ora si chiamano,
si trovano.
Un ballo,
un lento,
….. per la vita.

Universo

Vado con la mente alla fine del cielo
per cercare il marziano che è in me,
che tracci le soluzioni per la vita,
ma per quanto mi giri intorno
vedo solo lune vuote e stelle incandescenti.
Un granello di sabbia il nostro pianeta
bagnato da lacrime di bambini soli,
insignificanti noi esseri umani
una traccia di gesso sulla lavagna.
Cosa potrei insegnare a popoli alieni
che mi possa far sentire libero e fiero
se non ho ancora vinto la viltà umana.
Ho paura di proseguire nel mio viaggio
perché potrei trovare chi mi da ragione.
Mi fermo,
rifletto,
penso a Voi,
torno indietro.
Senza esitazioni.
Dopotutto.

A Marta

Accenni un ballo
con passo cadenzato
e fai ricordare chi siamo,
deboli
dentro la nostra carne
confusi
dentro le nostre teste.
Non troverai alcun dio
che ti darà risposta
e potrai anche chiedere
a uomini ignavi
ma non sentiranno.
Dammi la mano
per passeggiare nei tuoi sogni,
risorsa e riscossa
di fatale ingiustizia.
Sei tu a vivere
in un mondo incantato
o siamo noi a percorrere
ogni giorno
il cammino della diversità…..
Continua a ballare,
se per Te è gioia
per noi sei assolta.

Faccia di turbante

Dici che Allah
è più buono di Dio
ma sei bugiardo.
Vile uomo,
servo del terrore,
venduto ai pazzi
ingoia il tuo tritolo
come se fosse pane,
prega
e lascia vivere.

Coincidenze
Un alito
un micron
un secondo
un niente,
basta a mutare
vite mie
vite sue
vite di altri.
Vite e cacciavite
che gira senza fine
per trovare il treno
su cui salire.
Se non mi fossi fermato
non ti avrei vista
e avrei continuato
a cercarti
senza pace
senza Dio.

Foglio Bianco

Mi fissi
come uno specchio
che mi scruta negli occhi.
Cerchi le mie paure
ma trovi solo certezze,
vuoi scoprire
i miei conti
chiusi in cassaforte,
la mia password
ma non è tra queste righe.
Oggi mi sento soddisfatto,
ho pescato
tra i tuoi difetti:
non sei capace a scrivere
se non con mani altrui,
non hai mente
né anima,
sei solo carta riciclata.

Fragile

Spunti dall'angolo della strada,
i capelli controsole,
occhi umidi di malinconia
che hanno sofferto troppo
ma trattengono la gioia di vivere.
Come un vaso di cristallo,
prendo le tue mani fra le mie,
sono calde.
Ho paura di rompere
la tua sensibilità,
ho paura di stringerti troppo forte,
scheggiare il ricordo
del passato che ritorna,
ingombrante.
Dimentica,
abbracciami,
lasciati portare lontano!

Il Principe

Anche dal terzo anello
guardano bandiere
ascoltano cori,
un uomo corre verso Nord
si spoglia di tutto
anche dell' anima,
un pianto,
non unico,
una lacrima rossa
una lacrima blu.

Jungla

Sono stanco
oggi,
chiuso nel mio mutismo.
Cammino nella mente,
do spallate ai pensieri
invadenti
noiosi,
inviolabili.
Tu passi canticchiando,
dammi una mano
a togliere la maschera,
aiutami a correre fuori
con la tua gioia,
oltre i miei perché.
Finalmente
un po' di musica.

La nave

Salpa!
Nave dei miei sogni
dove vai a navigare?
Vira a dritta
dopo la terza lampara,
passa Gibilterra,
lanciati nel futuro
e, come Colombo,
scruta l' orizzonte
per trovare riscatto,
giù
fino alla Terra del Fuoco.
Vira a manca
dopo il primo faro,
passa Suez,
torna nel passato
e, come Marco Polo,
scrivi l' avventura
per cacciare le streghe,
giù
fino alle Indie.
Arriva allo zenith,
gira la prua,
non buttare ancore,
mio Comandante,
segui solo la scia del ritorno.

La vita in gita

Bastone
portami sul sentiero
anticipa il mio passo,
acqua di fonte dissetami,
stella alpina indica il cammino.
Il silenzio del bosco è la miglior compagnia
e il vento
e il sole
mi sospingono.
Giunto al bivio per la vetta,
come nella vita,
respiro,
decido
e proseguo la salita.

Luminarie

Le note di "jingle bells"
scendono dal grattacielo
fin sulle rotaie del tram.
Piove da un mese
ho le ginocchia umide,
il traffico è infernale,
è il quinto semaforo rosso
sempre lo stesso!
Attraversa un re magio
porterà incenso o mirra,
oro no di certo
oggi in borsa è sceso,
di questi tempi
meglio bot o cct.
Mi è passato uno scooter
sul tergicristallo
quasi gli mordo una caviglia.
Il cartello digitale del Comune
mi spara che in diecimila sono morti
per guida in stato di ebbrezza,
a destra un' insegna luminosa
con Babbo Natale che mi avverte:
"Buone Feste!",
per par condicio mi volto a sinistra,
altra insegna
e venti bambini
che mangiando pandoro
mi comunicano:
"Puoi dare di più!"
A chi dar ragione ?

Fuori Pista

Già si sente battere forte il petto
mentre il vento freddo porta via
e il nevischio s'infila nel colletto,
al sesto pilone della seggiovia.
L' emozione di giungere alla cima
è come farsi una sana ubriacata,
è come innamorarsi più di prima
è come tuffarsi nell' acqua gasata.
L' emozione di scendere un pendio
e di sfiorare le fronde degli abeti
è come arrivare fino a Dio
danzando tra stelle e pianeti.
L' emozione di fare il fuori pista
è come nuotare nei mari della Luna
e quando dell' arrivo sei in vista
vai subito a rifarne ancora una.
Quando a sera il sole si nasconde
il pensiero va subito al domani
e mentre la raclette nel piatto fonde
mescoli voci e risate a piatti sani.
Fintanto che nevica con euforia,
riposate l'affanno nella calda badia,
dimenticate la pigra monotonia,
create un'atmosfera da magia,
passate una serata in allegria.
E' come fare un cocktail di neve e poesia.
Pronti ?
Via !

MAI

Quando il vento suona il suo silenzio
non è tempo di far parole
mentre metti in valigia il nostro passato
e lo trascini via
come se fosse piombo.
Biglietto di sola andata
per strade non percorse,
teatro di opere incompiute.
Mai vorrei vedere i tuoi occhi piangere.

Orizzonti

Ci siamo incontrati all' orizzonte
dove le stelle sfiorano gli abissi.
Col dito disegno parole,
stese ad asciugare
sui fili della vita.
Si piegano
tanto sono zuppe d' amore.
Non voglio strizzare i ricordi,
li lascio gocciolare
piano piano …..
lentamente …..
altrimenti crollerebbero
stropicciati
in un cantuccio di memoria,
Di ieri,
reclamo i Tuoi sorrisi
l' occhiolino intrigante
e voglio un domani
sommerso di carezze.

Natale 2008

Ho appeso all' albero
le mie speranze
Ho vestito il presepe
con gli occhi del buon senso
Ho attaccato alla porta
un angolo del mio cuore
Ho chiesto al buon Dio
di difendere i bambini
Ho evitato di comprare
regali già visti
Ho pronunciato parole
mai sentite
Ho sussurrato alle stelle
di brillare sugli amici
Ho caricato dentro me
le pile dell' amore.

Scriverò

Ascoltami !
Non sono capace
di dirti che sei brutta
non sono capace
di dirti che sei bella
né a baciarti sulla bocca
né a sputarti in faccia.
Le parole non escono
anche se prendo respiro,
i pensieri si bloccano
sulle pareti del cervello
e colano come inchiostro.
E l' inverno arriva
a gelarmi il fiato
ma non la mano destra
che scalderò con l' altra
e col cruccio di Te.
Scriverò per comunicare.
Scriverò per ricordare.
Scriverò per fuggire.
Scriverò per pura viltà.

Semaforo

Freno.
Sulle strisce scorre
il film dei miei ricordi.
Suonano.
Troppo ho esitato,
fermo,
a domandarmi verità.
Accelero.
Due segni sull' asfalto,
voglio dileguarmi,
non un occhio
al retrovisore.
Rallento.
Alla prossima
non mi fermerò al rosso…..
sarà un incrocio
senza semafori.

Senza senso

Sono autista di sandali
e giro con una fiammella in mano
per attizzare il cuore dei gatti.
Ascolto la radio semi accesa
c'è una vecchia canzone di Bob
che bussa alla porta del paradiso
mentre passa veloce una sirena che urla:
"Hanno arrestato lo zio Fester!"
Sto viaggiando a 200 all'ora
e la strada è così buia
che ho acceso la luna piena
per scrivere queste righe senza senso.
Se mi fermano per leggerle
rischio una tirata di orecchie
o, forse,
solo il sequestro dei sandali ?
I don't know…
maybe tomorrow.

Sognando un sogno

E' quasi mezzanotte
entro nel pigiama di flanella,
fuori tira un vento gelido
allungo una coperta in più,
verso l' alba prende sempre freddo.
Mi metto sotto con un brivido
un po' per il fresco delle lenzuola
un po' perché sono esausto e solo,
affondo il viso nel cuscino
non riesco nemmeno a pensare
chè il sonno mi solleva via.
Vicino a me si corica Lei.
L' imbarazzo è palpabile
…mio …..suo……
non so cosa aspettarmi
dal sogno che deve venire,
parole che non ricordo,
la mia mano che si avvicina
per un contatto innocente.
La luce si spegne
allungo un bacio
un abbraccio,
che emozione……
Con un sussulto mi risveglio
l' una è passata da un pezzo,
la coperta per terra,
sono stanco non stanco
un po' confuso,
fuori il vento tira più di prima
mi giro e rigiro,
abbraccio l' altro cuscino,
sorridendo
chiudo gli occhi.

Tepore di Te

Foglie
sotto le suole scrocchiano,
le nuvole scappano a nord
lasciando a terra
specchi di pioggia.
Mi mancano i tuoi baci
in questa sera
umida e sola,
le tue carezze
son scorte di calore
e per non soffrir di brividi
le ho sempre con me.

Nuvole

Piove
nel mio essere uomo
e quando le gocce
raggiungono la pelle
salgono i brividi
e la nebbia.
Piove
e la mia mano passa
sui capelli tuoi
bagnati
mentre aspettiamo il sole
perchè asciughi i prati
e il nostro istinto.
E voi nuvole
complici del nostro amore
cosa potete dire
in vostra difesa?
Voi
che da un lato lacrimate
e sull' altro arrossite.

Piccante

Non lascerò
che tutto finisca
in un sogno.
Io merito qualcosa
di più di un attimo.
Un ultimo,
piccante
respiro.

No Sceicco No

Sveglia alle 5 e cinquanta,
barba, vestito, caffelatte,
giro la chiave e parto.
Venticinque anni di lavoro
troppo serio
senza eccessi di guadagno
né grandi sorrisi.
Avrei potuto fare meglio:
il droghiere di sua maestà
l' equilibrista in borsa
l' inviato di Striscia
accumulando
più di un petrol-sceicco
e dopo il cesso tutto d'oro
risparmiando molti "sforzi"
avrei comprato un bel …Kakà !

Come vorrei ……

Come vorrei scappare lontano
scacciare paure, incertezze passate,
come vorrei parlarmi da solo,
capire i trascorsi, non far più cazzate.
Come vorrei essere amato
per quello che sono e sono stato,
come vorrei alla vita aver dato
tanto amore da non esser scordato.
Come vorrei urlare al mondo
la passione che ho dentro il petto,
come vorrei far girotondo
giocare a grette e far qualche dispetto.
Come vorrei ascoltare Voi Donne,
i vostri silenzi, le vostre parlate,
come vorrei abolire le gonne
e spender meno di telefonate!

Emozioni da un Fagottino

A noi piace spiare le emozioni
che senti vibrare dentro il cuore
guardare l' espressione degli occhioni
che brillano di giovanile stupore.

        "Papà sei sempre un tenerone,
         non riesci mai a sgridarmi
         e quando mi viene il magone
         corri subito ad abbracciarmi."

Il Tuo gioioso cantare colma la stanza
e le smorfie sulle battute non raccolte
e le risate che non sono mai abbastanza
ed i pianti per le pagine non risolte.

        "Mamma sei l' amica migliore,
         adoro stringerTi al petto
         mi riempi di baci e di amore
        non potrei stare senza il Tuo affetto."

Non affrettarTi a divenir grande
aspetta a risolver le tante domande
non Ti vogliamo cresciuta in fretta
ma far capolino dalla Tua cameretta
e vedere il visino che sogna le fate,
principi azzurri e terre incantate.

        "Papà solo Tu inventi filastrocche
        che dormir mi fanno tutta notte,
        mentre Mamma mi fa le coccoline
        quando mi sveglio tutte le mattine".

Ora andiamo che s'è fatta sera
la luna accende una bianca sfera
le stelle brillano sul Tuo lettino
e dalla coperta spunta un fagottino.

        "Grazie Mamma, Grazie Papà."

Notte Giò!

Il Natale degli Amici.

Ho appeso all' albero
Le mie speranze
Ho vestito il presepe
Con gli occhi del buon senso
Ho attaccato alla porta
Un angolo del mio cuore
Ho chiesto al buon Dio
Di difendere i bambini
Ho evitato di comprare
Regali già visti
Ho pronunciato parole
Mai sentite
Ho sussurrato alle stelle
Di brillare sugli amici
Ho caricato dentro me
Le pile dell' amore.
Ho pregato tutti i buoni auspici
Per la cena di Natale degli Amici.
E siccome ho faticato a scrivere il racconto
Spero, amici cari e generosi, che mi paghiate il conto !!!

Palloso

C'è in giro una voce di "Coso"
Che dice che sono barboso
Che ho un naso pauroso
E che scrivo in modo indecoroso.
Ma chi sarà questo odioso
Che si comporta da invidioso
E con un fare vergognoso
Divulga un verbo oltraggioso?
Se lo prendo lo rendo pietoso
Quel bellimbusto presuntuoso
Che magari è anche un ciclista-tifoso
Lontano cugino piuttosto pidocchioso.
E pensare che ero un moccioso
Bravo, tranquillo e studioso,
Un bimbo molto scherzoso
Del cioccolato un grande goloso.
Divenni uomo meraviglioso
Richiesto da Tutte come sposo
Ma di una sola divenni il moroso
Ed è ancora il bene più prezioso.
Giuro! Io sono sempre affettuoso
Non ho alcun meccanismo difettoso
Sono sempre abbastanza spiritoso
Ma perché mi dici che sono Palloso?

www.ingramcontent.com/pod-product-compliance
Lightning Source LLC
Chambersburg PA
CBHW061513040426
42450CB00008B/1597